AF642492
Mors godaste sylt
Tomatsoppa
bröd
kaffe & kaka
100 kr
kaka
Lunch
Tomatsoppa med vita bönor & krutonger
Bondomelett

ZS – Ein Verlag der Edel Verlagsgruppe
www. zsverlag.de
www.facebook.com/zsverlag
www.instagram.com/zsverlag

Kaiserstraße 14b
D-80801 München
3. Auflage 2023

Titel der Originalausgabe
Dagens fika. Kaffe & kakor, lunch och en pratstund

Rezepte, Text und Styling: Milo Kalén
Fotografie und Styling: Tine Guth Linse
Grafikdesign: Edholm & Ullenius

Dieser Titel erscheint als Lizenzausgabe von
Kakao förlag, Box 1505, 22101 Lund

Projektkoordination der deutschen Ausgabe: Julia Sommer
Übersetzung: Lisa Heilig
Redaktion und Satz der deutschen Ausgabe: Alina Seitz-Götz,
bookwise medienproduktion GmbH, München
Coveradaption: Groothuis.Gesellschaft für Ideen und Passionen
Druck und Bindung: optimal media GmbH, Röbel

Printed in Germany
ISBN: 978-3-89883-767-5

KAFFEEPAUSE AUF SCHWEDISCH

Fika

u v w x
6 7 8 9
E F G H

Kak
på
Kak

Ein Traum wird wahr!

Ich hatte gerade meinen 51. Geburtstag gefeiert und das Gefühl, dass jetzt meine Zeit gekommen war. Ich wollte meinen Traum verwirklichen und ein Café eröffnen, in dem ich backen konnte wie zu Hause, mit einer offenen Küche. Ich bin schon immer gern in Pizzerien gegangen, in denen man den Pizzabäckern bei der Arbeit zusehen und die Zutaten selbst auswählen konnte, auf die man Lust hatte. Genau so sollte mein Café auch sein!

Bei meiner Suche nach geeigneten Räumlichkeiten waren mir die Aspekte Gemütlichkeit, Atmosphäre und Erlebnis besonders wichtig. Schließlich hatte ich den perfekten Ort gefunden, nur ein paar Hundert Meter von unserer Wohnung entfernt. Hier wollte ich mein Café eröffnen! Also machten wir uns ans Werk. Wir bauten die Räume komplett um und richteten alles neu ein. Außerdem wurde eine Küche eingebaut, die von den Gästen vollständig einsehbar war.

Meine Leidenschaft für das Kochen und Backen habe ich von meiner Mutter geerbt. Sie war ein echter Profi in der Zubereitung der Backwaren, die bei einer traditionellen Fika serviert werden. Und bei uns gab es viele Fikas, die schwedischen Kaffeepausen, zu denen Gebäck gereicht wird: Handarbeitsgruppe, Frühstücks- und Nachmittagskaffee, Abend-Fika - es gab immer einen Anlass, zu dem man ihre fabelhaften Kuchen genießen konnte. Solange ich jung war und zu Hause wohnte, habe ich nicht allzu viel gebacken. Erst als ich meine eigene Familie hatte, entwickelte ich ein gesteigertes Interesse. Aber Sie glauben nicht, wie viel ich anfangs entsorgen musste. Alles, was ich fabrizierte, war steinhart und völlig ungenießbar. Trotzdem gab ich nicht auf, und je größer meine Kinder wurden, desto größer wurde auch meine Backerfahrung.

Im März 2013 eröffnete ich endlich mein eigenes Café „kaka på kaka“! Der süße Duft der Kuchen und auch etwas Werbung auf Facebook und Instagram lockten schnell Gäste an.

Wenn ich in meiner Küche stehe …

Das Wichtigste ist Geschmack,
dann kommen gute Zutaten,
und es muss unkompliziert sein!

Wenn ich erkläre, wie man Kuchen, Suppen oder Brot zubereitet, sage ich oft: „Mach dir keinen allzu großen Kopf." Und das muss man wirklich nicht, solange man Spaß am Kochen und Backen hat. Probieren, die Konsistenz prüfen, Zutaten verwenden, die man mag - und schon wird es gut! Und seien Sie experimentierfreudig! Wenn's danebengeht, na ja … manchmal muss man eben etwas wegkippen und neu anfangen. Wenn man aber erst einmal die Grundzubereitung beherrscht, kann man auch etwas ausprobieren: den Teig länger oder kürzer kneten, verschiedene Formen wählen, leckere Zutaten dazugeben, einen Teil des Mehls durch eine andere Sorte ersetzen oder süße Teilchen mit anderen Zutaten garnieren. Finden Sie Ihre persönliche Lieblingszubereitung. Ich liebe zum Beispiel Vanille, das werden Sie an den Rezepten erkennen. Wenn in einem Rezept ein Teelöffel angegeben wird, gebe ich mindestens einen Esslöffel hinein. Ach, und Rosmarin … dieses Kraut ist wirklich ein Geschenk des Himmels!

Ich hoffe, dass Sie sich von den folgenden Seiten inspiriert fühlen, meine Lieblingsrezepte nachzukochen und diesen Ihren eigenen Touch zu verpassen. Spielen Sie mit den Zutaten: Fügen Sie zum Beispiel Salz oder Zucker dazu, selbst wenn im Rezept nichts davon steht, oder geben Sie einen Teig auf ein Backblech statt in eine Backform. Haben Sie einfach Spaß dabei!

Milo

kaka
kaka
small but mighty.
no room for junk.
froosh
CITRON
ORGANIC
Ginger Ale

Mürbeteig

Grundrezept

Dieser einfache Knetteig eignet sich bestens als Grundlage für allerlei Kekse wie Husarenküsse, Rosinenkekse, Brüsseler Kekse oder Mazarins. Sie können ihn aber auch ganz nach Ihrem Geschmack formen oder Füllungen nach Wahl dazugeben. Es ist der perfekte Teig zum Experimentieren.

250 g Butter, etwa 30 Minuten vorher aus dem Kühlschrank genommen

250 g Mehl
60 g Kartoffelstärke
180 g Zucker
½ TL Backpulver

Alle Zutaten in die Küchenmaschine füllen und kneten, bis die Zutaten binden. Anschließend auf eine Arbeitsfläche geben und von Hand kurz durchkneten. Alternativ die Zutaten rasch von Hand zu einem glatten Teig kneten. Den Teig zu einer Kugel formen, in Frischhaltefolie schlagen und etwa 30 Minuten an einem kühlen Ort (wenn es geht, nicht im Kühlschrank, der ist etwas zu kalt) ruhen lassen. Dann ist der Grundteig fertig für die Weiterverarbeitung.

Der Fantasie freien Lauf lassen!

Der Grundteig kann nach Belieben geformt, aromatisiert und gefüllt werden. Viel Spaß beim Experimentieren!

Milo-Finger
Rosinenkekse

Husarenküsse
Brüsseler Kekse

Husarenküsse

Ergibt etwa 50 Stück

1 Portion Mürbeteig,
siehe Seite 12

120 g Himbeerkonfitüre

Den Backofen auf 175 °C (Umluft) bzw. 200 °C (Ober- und Unterhitze) vorheizen. Ein Backblech (gegebenenfalls zwei Bleche) mit Backpapier auslegen. Den Mürbeteig wie auf Seite 12 beschrieben zubereiten, zu etwa 3 cm großen Kugeln formen und auf das Blech setzen. Mit dem Daumen jeweils eine Vertiefung in die Mitte eindrücken. Den Teig dabei nicht ganz durchdrücken, sonst läuft die Konfitüre beim Backen aus. Mit der Konfitüre füllen. Im vorgeheizten Ofen auf der mittleren Schiene etwa 12 Minuten backen.

Zweierlei BRÜSSELER KEKSE

mit Kakao …

Ergibt etwa 50 Stück

1 Portion Mürbeteig, siehe Seite 12

2 EL Kakaopulver
180 g Hagelzucker
einige Tropfen rote Lebensmittelfarbe
1 Ei, verquirlt

Den Mürbeteig wie auf Seite 12 beschrieben zubereiten. Dabei das Kakaopulver mit den anderen Zutaten verarbeiten. Den Teig zu einer 5 cm dicken Rolle formen. Für rechteckige Kekse (wie auf der Abbildung links) die Rolle etwas flach drücken. Den Teig mindestens 30 Minuten im Kühlschrank ruhen lassen. Den Hagelzucker wie unten rechts beschrieben einfärben.

Den Backofen auf 175 °C (Umluft) bzw. 200 °C (Ober- und Unterhitze) vorheizen. Ein Backblech mit Backpapier auslegen. Den Teig aus dem Kühlschrank nehmen und mit dem Ei bestreichen. Den Hagelzucker auf einen Bogen Backpapier geben und den Teigstrang darin rollen. In 1 cm dicke Scheiben schneiden. Die Kekse auf das Backblech legen. Im Ofen auf der mittleren Schiene 10 Minuten backen.

… und ohne

Ergibt etwa 50 Stück

1 Portion Mürbeteig, siehe Seite 12

180 g Zucker
einige Tropfen rote Lebensmittelfarbe
1 Ei, verquirlt

Den Mürbeteig wie auf Seite 12 beschrieben zubereiten. Den Teig zu einer 5 cm dicken Rolle formen und mindestens 30 Minuten im Kühlschrank ruhen lassen. Den Zucker wie unten beschrieben einfärben.

Den Backofen auf 175 °C (Umluft) bzw. 200 °C (Ober- und Unterhitze) vorheizen. Ein Backblech mit Backpapier auslegen. Den Teig aus dem Kühlschrank nehmen und mit dem Ei bestreichen. Den Zucker auf einem Bogen Backpapier verteilen und den Teigstrang darin rollen. In 1 cm dicke Scheiben schneiden. Auf das Blech legen, im Ofen auf der mittleren Schiene 10 Minuten backen.

Zucker färben

Einige Tropfen Lebensmittelfarbe in eine Schüssel geben. Den Zucker zufügen und mit den Fingern rühren, bis der Zucker die Farbe angenommen hat.

Rosinenkekse

Ergibt etwa 50 Stück

1 Portion Mürbeteig,
siehe Seite 12
120 g Rosinen

Den Backofen auf 175 °C (Umluft) bzw. 200 °C (Ober- und Unterhitze) vorheizen. Ein Backblech mit Backpapier auslegen. Die Rosinen grob hacken. Den Mürbeteig wie auf Seite 12 beschrieben zubereiten, dabei die Rosinen einarbeiten. Den Teig zu etwa 3 cm großen Kugeln formen und diese auf das Backblech setzen. Die Kugeln mit einer Gabel flach drücken und im vorgeheizten Ofen auf der mittleren Schiene etwa 12 Minuten backen.

Milo-
FINGER

Dieses Rezept ist eine vereinfachte Variante von Mailänder Marzipangebäck und einer der Favoriten in meinem Café.

Ergibt etwa 40 Stück

1 Portion Mürbeteig, siehe Seite 12

1 Ei, verquirlt
einige Tropfen rote Lebensmittelfarbe
200 g Marzipanrohmasse
120 g Hagelzucker
60 g Mandelblättchen

Den Backofen auf 175 °C (Umluft) bzw. 200 °C (Ober- und Unterhitze) vorheizen. Ein Backblech mit Backpapier auslegen. Den Mürbeteig wie auf Seite 12 beschrieben zubereiten und zu einem etwa 10-15 cm breiten und 0,5 cm dicken Rechteck ausrollen. Mit etwas Ei bestreichen. Ein paar Tropfen Lebensmittelfarbe in die Marzipanrohmasse einarbeiten, bis diese gleichmäßig eingefärbt ist. Die Marzipanrohmasse zu einem fingerdicken Strang rollen, der so lang wie das Teigrechteck ist. Den Marzipanstrang auf die untere Teigkante legen und den Teig darum aufrollen, die obere Kante gut andrücken. Die Teigrolle mit dem restlichen Ei bestreichen. Hagelzucker und Mandelblättchen auf einem Bogen Backpapier mischen und verteilen. Die Teigrolle darin wälzen und in 4-5 cm lange Stücke schneiden. Auf die Backbleche setzen und im vorgeheizten Backofen auf der mittleren Schiene etwa 12 Minuten goldbraun backen.

matiga

JITTERBUGS oder Schrumpelkekse

In Schweden sind diese Kekse als Jitterbugs bekannt, aber meine Mutter nannte sie immer „Schrumpelkekse“. Wie oft höre ich Gäste in meinem Café seufzen und klagen, dass dieses Gebäck so schwer zu machen sei. Stimmt aber gar nicht. Das Problem ist vielleicht eher, dass man mit allzu großer Sorgfalt vorgeht. Roh auf dem Backblech sehen diese Kekse wirklich nicht schön aus. Aber im Ofen geschieht eine Verwandlung, und heraus kommt herrliches Baisergebäck.

Ergibt etwa 40 Stück

1 Portion Mürbeteig, siehe Seite 12

1 Eiweiß
100 g Zucker

Den Backofen auf 175 °C (Umluft) bzw. 200 °C (Ober- und Unterhitze) vorheizen. Ein Backblech mit Backpapier auslegen. Den Mürbeteig wie auf Seite 12 beschrieben zubereiten und zu einem etwa 20 cm breiten und 0,5 cm dicken Rechteck ausrollen. Das Eiweiß steif schlagen und dabei langsam den Zucker einrieseln lassen. Die Eiweißmasse auf dem Teigrechteck verstreichen. Eine Längsseite des Teigrechtecks mithilfe einer Palette anheben und den Teig wie eine Roulade aufrollen. Die Rolle in 2-3 cm dicke Scheiben schneiden und auf das Blech legen. Im Ofen auf der mittleren Schiene etwa 10 Minuten backen, bis die Baisermasse goldbraun ist.

Setz dich ein Stündchen hin ...

Der Backofen gähnt mit einem Lächeln,
er ist schon lange wach und beobachtet das Geschehen:
Es wird geknetet und gebacken in der Hitze des Herdes,
zu den Geräuschen der Küche
und zur Melodie der gluckernden Kaffeemaschine.

Bald werden alle Zutaten am Platz sein
und darauf warten, probiert zu werden,
sobald die Tür aufgeht
und sich die ersten Schritte nähern.

Langsam trudeln sie ein:
Tassen und Teller setzen sich hin,
kaffeehungrige Gedanken kommen durch die Tür,
während die Uhr tickt und sanft nickt:
Bitte noch einen Schluck!

Der Mittagshunger sammelt sich um zwölf.
Dann gibt es eine Mischung aus allem und jedem,
sitzend, fröhlich plaudernd und lachend:
einen Extrabissen Käse mit leckerem Brot,
einen herrlichen Cookie auf die Hand,
eine Quiche, die von einem hungrigen Gedanken
rasch verzehrt werden muss.

Dann zeigt die Uhr vier
und die Tür schließt für heute,
nur um sich am nächsten Morgen
mit frisch gebackener Wärme
und dem Versprechen auf einen weiteren
köstlichen Tag wieder zu öffnen!

Stellan Hökfelt

Mazarintorte

1 Portion Mürbeteig,
siehe Seite 12

150-200 g Himbeer-
konfitüre
125 g gemahlene Mandeln
125 g weiche Butter
2 Eier

Glasur

180-230 g Puderzucker
1 Klacks Himbeer-
konfitüre

Den Backofen auf 175 °C (Umluft) bzw. 200 °C (Ober- und Unterhitze) vorheizen. Den Boden einer Springform mit Backpapier auslegen; der Rand muss nicht eingefettet werden. Die Form mit dem Mürbeteig auskleiden und dabei einen 3 cm hohen Rand bilden. Den Teigboden mit der Himbeerkonfitüre bestreichen. Die Mandeln mit Butter und Eiern in einer Schüssel glatt rühren. Die Mandelcreme vorsichtig auf der Himbeerkonfitüre verstreichen. Die Torte im Ofen auf der mittleren Schiene etwa 30 Minuten backen. Erkalten lassen, dann aus der Form lösen. Für die Glasur den Puderzucker in eine Schüssel sieben und mit so viel Himbeerkonfitüre verrühren, dass eine dickflüssige, hellrosa Glasur entsteht. Wenn die Masse zu fest wird, noch ein paar Tropfen Wasser einarbeiten. Die Glasur mit einer Palette auf der Torte verstreichen. Nach Belieben mit einem Klacks Schlagsahne servieren.

Psst!

Suchen Sie das nächste Mal auf dem Flohmarkt nach einer Nussmühle. Sie ist für das Backen unverzichtbar!

GEWÜRZKEKSE

Schwedische Pepparkakor (Pfefferkuchen) sollten superdünn sein. Aber mir fehlt ehrlich gesagt die Geduld dafür. Hier stelle ich Ihnen meine Version vor, die kinderleicht ist, aber trotzdem sehr lecker schmeckt.

Ergibt etwa 40 Stück

100 g weiche Butter
100 g Zucker
50 ml heller Sirup
1 TL Zimt
1 TL Ingwerpulver
½ TL gemahlene Gewürznelken
100 g Mandelblättchen
180 g Mehl
½ TL Natron

Butter, Zucker und Sirup in eine Schüssel geben und mit dem Handrührgerät cremig rühren. Gewürze, Mandeln, Mehl und Natron in einer zweiten Schüssel mischen und dann in die Buttermasse einarbeiten, bis die Zutaten binden.

Den Teig kurz von Hand glatt kneten. Auf eine bemehlte Arbeitsfläche geben und zu einer 4 cm dicken Rolle formen. Die Rolle flach drücken, sodass ein Quader entsteht. In Frischhaltefolie einschlagen und mindestens 4 Stunden im Kühlschrank ruhen lassen.

Den Backofen auf 175 °C (Umluft) bzw. 200 °C (Ober- und Unterhitze) vorheizen. Ein Backblech mit Backpapier auslegen. Den Teig aus dem Kühlschrank nehmen, auswickeln und mit einem sehr scharfen Messer in dünne Scheiben schneiden. Die Scheiben auf das Backblech legen und im Backofen auf der mittleren Schiene 10-12 Minuten backen, dann auf dem Blech erkalten lassen. Die Gewürzkekse in einem dicht schließenden Behälter aufbewahren.

Psst!

Beim alten „Kaffeetassenmaß“ hat eine Tasse ungefähr 150 ml.

Omas Kekse
oder Schwedische
BISCOTTI

Schon meine Großmutter hat diese Kekse gebacken und danach meine Mutter. Durch sie habe auch ich Gefallen an Kaffee gefunden. Ich saß nämlich immer bei meiner Oma auf dem Schoß und durfte die Kekse in ihren Kaffee tunken ... eine wunderbare Kindheitserinnerung.

Ergibt etwa 40 Stück

150 g weiche Butter
1 Kaffeetasse Zucker
1 gehäufte Kaffeetasse gemahlene Mandeln
1 Ei
3½ Kaffeetassen Mehl
1 TL Backpulver

Belag

1 Ei, verquirlt
2 EL Zucker
2 EL gemahlene Mandeln

Den Backofen auf 175 °C (Umluft) bzw. 200 °C (Ober- und Unterhitze) vorheizen. Ein Backblech mit Backpapier auslegen. Alle Zutaten in eine Schüssel geben und rasch verkneten. Den Teig auf einer leicht bemehlten Arbeitsfläche zu drei langen, etwa 4 cm dicken Rollen formen. Auf das vorbereitete Backblech legen, etwas flach drücken und mit dem Ei bestreichen. Für den Belag Zucker und Mandeln in einer Schale mischen und die Teigrollen damit bestreuen. Im Ofen auf der mittleren Schiene etwa 15 Minuten goldbraun backen. Die Ofentemperatur auf 75 °C (Umluft) bzw. 100 °C (Ober- und Unterhitze) reduzieren. Die Teigrollen schräg in 2 cm breite Stücke schneiden. Die Stücke mit einer Schnittseite nach oben auf das Blech legen und im Ofen mindestens 60 Minuten trocknen lassen. Erkalten lassen und in einem dicht schließenden Behälter aufbewahren. In heißen Kaffee getunkt schmecken die Kekse am besten.

Finas SIRUPKEKSE

Dieses Rezept habe ich von meiner besten Freundin Fina. Als meine Kinder klein waren, war ihnen mein eigenes Rezept für diese Kekse einfach nicht gut genug – es musste immer das von Fina sein. Je nachdem, wie groß Sie die Streifen schneiden, erhalten Sie unterschiedlich viele Kekse.

Ergibt etwa 40 Stück

200 g Butter (nicht direkt aus dem Kühlschrank)
170 g Zucker
1 EL heller Sirup
2 EL Vanillezucker
300 g Mehl
2 TL Backpulver

Den Backofen auf 175 °C (Umluft) bzw. 200 °C (Ober- und Unterhitze) vorheizen. Ein Backblech mit Backpapier auslegen. Die Zutaten in eine Schüssel geben und mischen, bis sie gebunden sind. Auf einer leicht bemehlten Arbeitsfläche zu einem glatten Teig verkneten. Den Teig in drei Portionen teilen und zu Strängen rollen, die so lang wie das Backblech sind. Auf das Blech legen und flach drücken. Im Ofen auf der mittleren Schiene etwa 15 Minuten backen.

Die Teigstränge noch warm schräg in Stücke schneiden. Auf dem Backblech erkalten lassen.

Haferkekse

Wenn ich vergessen habe, ein Dessert zu machen, bereite ich oft im Handumdrehen diese hauchdünnen, knusprigen Kekse zu. Mit einer Kugel Vanilleeis und warmem Beerenkompott sind sie nämlich einfach unschlagbar!

Ergibt etwa 15 Stück

75 g Butter
100 g Zucker
40 g Haferflocken
60 g Mehl
¼ TL Backpulver
25 ml Milch
25 ml heller Sirup

Den Backofen auf 175 °C (Umluft) bzw. 200 °C (Ober- und Unterhitze) vorheizen. Ein Backblech (gegebenenfalls zwei Bleche) mit Backpapier auslegen. Die Butter zerlassen. Zucker, Haferflocken, Mehl und Backpulver in einer Schüssel vermengen. Milch, Sirup und flüssige Butter zufügen und rasch verrühren. Mit einem Teelöffel etwa 15 Häufchen auf das Backblech setzen. Dabei ausreichend Platz dazwischen lassen, da die Masse stark auseinanderläuft. Im vorgeheizten Ofen auf der mittleren Schiene 10-15 Minuten goldbraun backen. Auf dem Blech erkalten lassen.

Mighty Leaf

kaka kaka
Lunch
TISD. morotsoppa med topping
ONSD. paj m. salami mm.
TORSD. risotto m. räkor
FRED. stuffade paprikor på salladsbädd
vild med salater
LOUISA LORANG
– ikke kun for
making you

Kokos-Tosca-Kuchen

Tosca (Krokant) ist in Schweden sehr beliebt und kommt als Belag auf viele Torten und Teilchen. Dieser Blechkuchen ist lecker und supereinfach!

200 g Butter
4 Eier
450 g Zucker
180 g Mehl
2½ TL Backpulver
80 g Kakaopulver
2 TL Vanillezucker
1 Prise Salz

Tosca-Belag

100 g Butter
230 g Zucker
100 ml heller Sirup
150 g Sahne
200 g Kokosraspel

Den Backofen auf 200 °C (Umluft) bzw. 225 °C (Ober- und Unterhitze) vorheizen. Ein Backblech mit Backpapier auslegen. Die Butter in einem Topf zerlassen. Eier und Zucker in einer Schüssel schaumig rühren.

Mehl, Backpulver, Kakaopulver, Vanillezucker und Salz in einer zweiten Schüssel mischen, dann in die Eiermasse rühren. Zuletzt die flüssige Butter unterrühren. Den Teig auf das Backblech geben und im vorgeheizten Ofen auf der mittleren Schiene 10 Minuten backen.

Inzwischen den Tosca-Belag zubereiten. Die Butter in einem Topf zerlassen. Dann Zucker, Sirup und Sahne unterrühren, die Masse einige Minuten köcheln lassen. Die Kokosraspel unterziehen und unter ständigem Rühren nochmals aufkochen.

Den Topf vom Herd nehmen. Den Kuchen aus dem Ofen holen und die Kokosmasse darauf verstreichen. Im Ofen weitere 10 Minuten backen, bis der Belag goldbraun ist.

Den Kuchen auf dem Blech erkalten lassen, dann in Stücke schneiden. Die Schnitten kann man gut in einem dicht schließenden Behälter im Kühlschrank aufbewahren. Gekühlt schmecken sie am besten.

MAMAS
Rührkuchen

Das ist ein klassischer Rührkuchen, den Sie endlos variieren können. Geben Sie zum Beispiel Birnen, Rhabarber oder Zwetschgen in den Teig. Ich bin sicher, dass Ihnen viele andere tolle Ideen in den Sinn kommen.

100 g Butter, plus etwas mehr zum Einfetten
2 Eier
230 g Zucker
250 g Mehl
2 TL Backpulver

Semmelbrösel zum Ausstreuen

Den Backofen auf 175 °C (Umluft) bzw. 200 °C (Ober- und Unterhitze) vorheizen. Eine kleine Gugelhupfform einfetten und mit Semmelbröseln ausstreuen. Die Butter in einem Topf zerlassen. Eier und Zucker in einer Schüssel schaumig rühren. Mehl und Backpulver rasch in die Eiermasse rühren. Dann 100 ml Wasser in die flüssige Butter rühren und diese Mischung in den Teig einarbeiten. Den Teig in die Form füllen und im vorgeheizten Ofen auf der unteren Schiene in 30-45 Minuten goldbraun backen.

Toscatorte mit BIRNEN

1 Portion Rührkuchenteig, siehe Seite 43
3-5 Birnen

Tosca-Belag

150 g Butter
150 g Zucker
3 EL Sahne
3 EL Mehl
150 g Mandeln, grob gehackt

Den Backofen auf 175 °C (Umluft) bzw. 200 °C (Ober- und Unterhitze) vorheizen. Den Boden einer Springform (28 cm Durchmesser) mit Backpapier auslegen; der Rand muss nicht eingefettet werden. Den Teig wie auf Seite 43 beschrieben zubereiten und in die Form füllen. Die Birnen jeweils in etwa 8 Spalten schneiden und entkernen; sie müssen nicht geschält werden. Dicht an dicht auf den Teig legen. Im vorgeheizten Ofen auf der unteren Schiene etwa 30 Minuten backen.

Inzwischen den Tosca-Belag zubereiten. Die Butter in einem Topf zerlassen. Die restlichen Zutaten hineingeben, 3 Minuten köcheln lassen. Dabei ständig rühren, damit die Masse nicht am Topfboden anbrennt.

Den Kuchen aus dem Ofen nehmen und den Belag vorsichtig darauf verteilen. Im Ofen weitere 10 Minuten backen, bis der Belag goldbraun ist. In der Form erkalten lassen.

FRÜCHTE- *oder* BEERENKUCHEN

1 Portion Rührkuchenteig, siehe Seite 43

Früchte oder Beeren, zum Beispiel Rhabarber, Himbeeren, Äpfel oder Nektarinen
150 g Crème fraîche
2 TL Vanillezucker
2 EL Zucker, plus etwas mehr zum Bestreuen
Saft von ½ Zitrone, nach Belieben

Es lässt sich nicht sagen, wie viel Obst genau benötigt wird. Es ist vielmehr eine Frage des Geschmacks. Ich mag es, wenn der ganze Kuchen mit Obst bedeckt ist. Wenn Sie Rhabarber verwenden, die Stangen erst in etwa 1 cm große Stücke schneiden. Äpfel und Nektarinen in feine Spalten oder Stücke schneiden. Experimentieren Sie einfach.

Den Ofen auf 175 °C (Umluft) bzw. 200 °C (Ober- und Unterhitze) vorheizen. Den Boden einer Springform (28 cm Durchmesser) mit Backpapier auslegen; der Rand muss nicht eingefettet werden. Den Teig wie auf Seite 43 beschrieben zubereiten und in die Form füllen.

Das ausgewählte Obst in einer Schüssel mit Crème fraîche, Vanillezucker und Zucker mischen und auf dem Kuchenteig verteilen. Mit sehr wenig Zucker bestreuen oder nach Belieben zusätzlich mit dem Zitronensaft beträufeln.

Im vorgeheizten Ofen auf der mittleren Schiene 30-40 Minuten backen. In der Form erkalten lassen.

PQRS

Bananenkuchen

Dieser Kuchen ist so lecker, dass selbst Leute, die eigentlich keine Bananen mögen, begeistert sind!

3-5 Bananen
1 Ei
150 ml Milch
100 g Crème fraîche
3 EL Rapsöl
200 g Mehl
180 g Zucker
2 TL Backpulver
2 TL Vanillezucker
1 Prise Salz
Butter, brauner Zucker und Salzflocken für die Backform

Den Backofen auf 175 °C (Umluft) bzw. 200 °C (Ober- und Unterhitze) vorheizen. Den Boden einer Springform (24 cm Durchmesser) mit Backpapier auslegen und mit Butter einfetten; der Rand muss nicht eingefettet werden. Den Boden mit braunem Zucker und Salzflocken ausstreuen.

Die Bananen schälen und längs halbieren. Mit der Schnittseite nach unten in die Form legen, sodass der ganze Boden bedeckt ist.

Für den Teig Ei, Milch, Crème fraîche und Rapsöl in einer Schüssel gut verrühren. Die Trockenzutaten in einer zweiten Schüssel mischen, dann zur Eimasse geben und rasch unterrühren. Den Teig über die Bananen in die Form füllen und im Ofen auf der mittleren Schiene 30-40 Minuten backen. Den Kuchen etwas abkühlen lassen, dann auf eine Kuchenplatte stürzen und auf den Boden klopfen, um die Bananen zu lösen. Vollständig erkalten lassen und nach Belieben mit Schlagsahne servieren.

Rüblikuchen

Rüblikuchen wird mittlerweile in fast allen schwedischen Cafés serviert. Vielleicht ist es die leichteste Möglichkeit, Kinder mit dem gesunden Gemüse zu versorgen? Ich habe das Rezept vereinfacht, damit man es sich leichter merken kann.

3 große Karotten (etwa 300 g)
3 Eier
270 g Zucker
180 g Mehl
3 TL Backpulver
30 ml Rapsöl

Glasur

100 g Doppelrahmfrischkäse
60 g weiche Butter
220 g Puderzucker
fein abgeriebene Schale von 2 Bio-Limetten

Den Backofen auf 175 °C (Umluft) bzw. 200 °C (Ober- und Unterhitze) vorheizen. Den Boden einer Springform (28 cm Durchmesser) mit Backpapier auslegen; der Rand muss nicht eingefettet werden.

Die Karotten schälen und reiben. Eier und Zucker in einer Schüssel mit dem Handrührgerät schaumig schlagen. Mehl und Backpulver vorsichtig unterheben, dann Karotten und Öl unterziehen. Den Teig in die Form füllen und im Ofen auf der unteren Schiene etwa 30 Minuten backen. Den Kuchen etwas abkühlen lassen, dann aus der Form lösen.

Die Zutaten für die Glasur in einer mittleren Schüssel mit dem Handrührgerät glatt rühren und den Kuchen damit überziehen.

Der Kuchen kann auch gut einen Tag im Voraus zubereitet und erst kurz vor dem Servieren mit der Glasur überzogen werden.

TARTE MIT ZITRONE *und* LIMETTE

Servieren Sie diese Tarte mit Schlagsahne und selbst gemachter Himbeerkonfitüre! Auch frische Erdbeeren sind super.

Teig

180 g Mehl
1½ EL Zucker
125 g Butter
1 Eigelb

Füllung

3 Eier
180 g Zucker
200 g Sahne
2 EL Mehl
1 TL Vanillezucker
1 Bio-Zitrone
1 Bio-Limette

Den Backofen auf 175 °C (Umluft) bzw. 200 °C (Ober- und Unterhitze) vorheizen. Den Boden einer Springform mit Backpapier auslegen; der Rand muss nicht eingefettet werden.

Das Mehl mit Zucker und Butter auf ein großes Schneidebrett geben und mit einem Messer hacken oder in einer Schüssel mit den Fingern zu Krümeln verreiben.

Das Eigelb einarbeiten und den Teig kneten, bis er glatt ist. Zu einer Kugel formen und in die Form drücken, dabei einen Rand bilden.

Für die Füllung Eier, Zucker, Sahne, Mehl und Vanillezucker in einer Schüssel glatt rühren. Zitrone und Limette heiß abspülen, trocknen und die Schale fein abreiben. Den Saft auspressen und zusammen mit dem Abrieb unter die Eiermasse rühren.

Die Masse auf den Teigboden gießen und die Form mit Alufolie abdecken. Im vorgeheizten Backofen auf der mittleren Schiene 30 Minuten backen. Die Alufolie entfernen und die Tarte einige weitere Minuten im Ofen lassen, damit die Füllung leicht bräunt. Die Tarte in der Form erkalten lassen. Nach Belieben mit Schlagsahne und Himbeerkonfitüre oder frischen Beeren servieren.

Lieblings-Käsekuchen

Teig

12 Butterkekse
75 g Butter
2 EL Zucker
1 Ei

Füllung

450 g Doppelrahmfrischkäse
225 g Zucker
1 TL Vanillezucker
3 Eier
1 Bio-Zitrone
450 g Crème fraîche
300-400 g Himbeerkonfitüre

Die Kekse zerkrümeln. Ich gebe sie immer in eine Schüssel und zerdrücke sie mit einem Stößel. Alternativ können sie auch in der Küchenmaschine zerkleinert werden.

Die Butter zerlassen und mit dem Zucker zu den Krümeln geben, gut mischen (oder in der Küchenmaschine verrühren). Das Ei einarbeiten.

Den Boden einer Springform mit Backpapier auslegen; der Rand muss nicht eingefettet werden. Die Krümelmasse auf den Boden drücken und einen kleinen Rand bilden. Im Kühlschrank fest werden lassen, bis die Füllung zubereitet ist. Den Backofen auf 160 °C (Umluft) bzw. 190 °C (Ober- und Unterhitze) vorheizen.

Für die Füllung den Frischkäse in einer Schüssel mit dem Handrührgerät glatt rühren. Zucker und Vanillezucker dabei einarbeiten.

Die Eier nacheinander unterrühren. Die Zitrone heiß abspülen, die Schale fein abreiben und unter die Frischkäsemasse ziehen. Dann die Crème fraîche rasch unterrühren. Die Füllung auf den Krümelboden gießen. Im Ofen auf der unteren Schiene 50-60 Minuten backen. Die Füllung sollte noch ein bisschen weich sein; sie wird beim Abkühlen fest.

Den Kuchen erkalten lassen, aus der Form lösen und eine Schicht Himbeerkonfitüre darauf verstreichen.

PFLAUMENKUCHEN

Das ist für mich ein sehr besonderer Kuchen, denn alle meine Tanten haben ihn gebacken und auch meine Mutter. Als ich ein Kind war, mochte ich ihn am liebsten, wenn er direkt aus dem Kühlfach kam. Mein Rezept enthält auch noch etwas Zitrone, um die süße Pflaumenfüllung mit etwas Säure auszugleichen.

Füllung

250 g entsteinte Backpflaumen
50-100 g Zucker
etwas Zitronensaft
2 EL Kartoffelstärke, aufgelöst in 50 ml Wasser

Teig

270 g Mehl
1½ TL Backpulver
100 g Zucker
125 g Butter
100 ml Milch
1 Ei, verquirlt
1 EL Sahne

Die Backpflaumen mit Zucker und 100 ml Wasser in einen Topf geben und bei niedriger Hitze 30 Minuten köcheln lassen. Den Zitronensaft unterrühren. Die angerührte Stärke zugießen und rühren, bis das Mus eingedickt ist. Erkalten lassen.

Den Backofen auf 200 °C (Umluft) bzw. 225 °C (Ober- und Unterhitze) vorheizen. Eine Back- oder Auflaufform (etwa 30 cm x 20 cm) mit Backpapier auslegen. Für den Teig Mehl, Backpulver und Zucker in einer Schüssel mischen. Die Butter in kleine Würfel schneiden und mit den Fingern in die Mehlmischung reiben, bis die Masse feinkrümelig ist. Die Milch einarbeiten und alles gut kneten.

Den Teig in zwei Portionen teilen, wobei eine Hälfte etwas größer sein sollte als die andere. Beide Portionen zu Rechtecken ausrollen. Mit dem größeren Rechteck die vorbereitete Form auskleiden; der Teig sollte an den Rändern noch etwas überstehen. Das Pflaumenmus darauf verstreichen. Mit der kleineren Teigplatte bedecken. Die Teigränder zusammendrücken und nach oben einschlagen. Den Teigdeckel mehrmals mit einer Gabel einstechen. Das Ei mit der Sahne verquirlen und den Teigdeckel damit bestreichen. Im vorgeheizten Ofen auf der mittleren Schiene etwa 30 Minuten backen. Den Kuchen in der Form erkalten lassen, dann in Stücke schneiden.

Pssst !!!
Du vet väl om att du kan köpa frysta bullar o bröd.
5st kanel el kardemummabulla
6st morotsbullar
6st rågkringlor
50:-/påse
BRORS KAFFE
MÄSTERS KAFFE

kaka på kaka på kaka på kaka på kaka på kaka
STARTA DAGEN
PÅ
kaka på kaka
Nyhet GRÖT
Havregrynsgröt med
spännande tillbehör!
Tex. "Härgjord" sylt torkad
frukt jordnötssmör bär mm......
skapa din egen favorit
KAKAS FRUKOSTPAKET
kaffe
morotsfralla
yoghurt med
härgjord granola

BANANEN-kuchen MIT SCHOKOCREME

Die Frischkäseglasur für diesen Kuchen sollte hellbraun wie Milchschokolade sein. Wenn Sie sie lieber dunkler mögen, geben Sie einfach mehr Kakaopulver hinein.

150 g Zucker
3 EL weiche Butter
1½ EL Rapsöl
2 Eier
250 g Mehl
2 TL Backpulver
2 TL Vanillezucker
1 Prise Salz
4 Bananen
50 ml Milch

Glasur

100 g Doppelrahmfrischkäse
60 g Butter
220 g Puderzucker
1 TL Kakaopulver (oder mehr nach Geschmack)

Blaubeeren zum Garnieren

Den Backofen auf 175 °C (Umluft) bzw. 200 °C (Ober- und Unterhitze) vorheizen. Den Boden einer Springform (24 cm Durchmesser) mit Backpapier auslegen.

Für den Teig Zucker, Butter und Öl glatt verrühren. Die Eier einzeln einarbeiten und die Trockenzutaten unterrühren. Die Bananen schälen und in einer Schüssel mit der Milch zerdrücken, dann unter den Teig ziehen. Sie sollten nicht zu sorgfältig untergerührt werden.

Den Teig in die Form füllen und im Ofen auf der mittleren Schiene etwa 40 Minuten backen. Der Kuchen sollte in der Mitte schön aufgehen. In der Form erkalten lassen, anschließend auf eine Kuchenplatte stürzen.

Alle Zutaten für die Glasur in einer Schüssel mit dem Handrührgerät glatt rühren und auf dem Kuchen verstreichen. Mit ein paar Blaubeeren garnieren.

SCHWEDISCHE *Mandeltorte*

Das ist die absolute Spezialität meiner Tochter Clara. Wann immer sie im Café aushilft, steht die Torte auf der Karte.

5 Eiweiß
180 g Zucker
150 g gemahlene Mandeln

Buttercreme

175 g weiche Butter
5 Eigelb
150 g Zucker
150 g Sahne
1 Prise Salz
1-2 TL Vanillezucker
80 g Mandelblättchen

Den Backofen auf 175 °C (Umluft) bzw. 200 °C (Ober- und Unterhitze) vorheizen. Auf zwei Bögen Backpapier je einen Kreis mit etwa 30 cm Durchmesser aufzeichnen. Die Bögen wenden und auf zwei Backbleche legen. Das Eiweiß in einer sauberen, fettfreien Schüssel steif schlagen. Dabei nach und nach den Zucker einrieseln lassen, bis die Masse fest ist und glänzt. Die Mandeln unterheben.

Die Masse auf den Backpapierbögen kreisrund verstreichen und im vorgeheizten Ofen etwa 20 Minuten backen, bis der Teig eine schöne Farbe hat. Im Umluftofen können beide Böden gleichzeitig gebacken werden, ansonsten nacheinander.

Für die Buttercreme die Butter würfeln und auf einen Teller geben. Eigelb, Zucker und Sahne in einem Topf mit dickem Boden verrühren. Bei mittlerer bis starker Hitze auf den Herd setzen und rühren, bis die Masse etwas eindickt. Den Topf vom Herd nehmen und unter ständigem Rühren nach und nach die Butterwürfel zugeben. Salz und Vanillezucker unterrühren. Die Creme erkalten lassen.

Die Baiserböden vom Backpapier abziehen und mit der Hälfte der Creme zusammensetzen. Die restliche Buttercreme auf der Torte verstreichen.

Die Mandelblättchen in einer Antihaft-Pfanne ohne Fett leicht anrösten und die Torte damit bestreuen. Bis zum Servieren an einem kühlen Ort ruhen lassen. Nach Belieben mit Schlagsahne servieren.

Französische Schokoladentorte

Dieser herrliche Schokoladenkuchen ist inspiriert von der Torte, die im Rosendal-Café in Stockholm serviert wird. Wir haben das Rezept ein wenig abgeändert und damit eine eigene Kreation geschaffen. Sie ist wunderbar saftig und schokoladig. Wichtig ist nur, dass Sie hochwertiges Kakaopulver verwenden. Die Menge können Sie dabei an Ihren Geschmack anpassen. Gut in Alufolie eingeschlagen bleibt die Torte bis zu 1 Woche frisch.

200 g Butter
4 Eier
500 g Zucker
4 TL Vanillezucker
160 g Kakaopulver
180 g Mehl
1 Prise Salzflocken

Ganache

100 g Zartbitterschokolade
100 g Schlagsahne

Den Backofen auf 175 °C (Umluft) bzw. 200 °C (Ober- und Unterhitze) vorheizen. Den Boden einer Springform mit Backpapier auslegen; der Rand muss nicht eingefettet werden. Die Butter in einem Topf zerlassen. Eier und Zucker in einer Schüssel schaumig rühren. Die Trockenzutaten unterrühren, zuletzt die leicht abgekühlte flüssige Butter einarbeiten.

Den Teig in die Form füllen und im Ofen auf der mittleren Schiene etwa 15 Minuten backen. Abkühlen lassen, dann aus der Form lösen.

Inzwischen für die Ganache die Schokolade fein hacken. Die Sahne in einem Topf zum Kochen bringen. Den Topf vom Herd nehmen, die Schokolade zufügen und rühren, bis sie vollständig geschmolzen ist. Die Torte mit der Ganache überziehen und diese fest werden lassen. Dann in schmale Stücke schneiden und nach Belieben mit Schlagsahne servieren.

Süßer
Hefeteig

Mit diesem Teig für süße Hefeteilchen können Sie eine Menge anstellen.

Ergibt 20-25 Milchbrötchen

1 Würfel frische Hefe
175 g Butter
500 ml Milch
1 Prise Salz
150 g Zucker
850 g Mehl

Die Hefe in die Schüssel der Küchenmaschine, falls verwendet, oder eine große Rührschüssel krümeln. Die Butter in einem Topf zerlassen. Den Herd ausschalten und die Milch zugießen. Die Temperatur mit einem Thermometer oder dem Finger prüfen; die Mischung sollte nicht wärmer als 37 °C sein. Ein wenig von der Flüssigkeit zur Hefe gießen und rühren, bis sich die Hefe aufgelöst hat. Die restliche Flüssigkeit unterrühren. Dann Salz, Zucker und die Hälfte des Mehls einarbeiten.

Nun das restliche Mehl in kleinen Portionen unterkneten, bis sich der Teig leicht von der Schüsselwand löst. Ich knete den Teig in der Regel 5 Minuten in der Küchenmaschine, von Hand dauert es entsprechend länger. Die Hände mit Mehl bestäuben und die Teigkonsistenz prüfen; er sollte kaum noch klebrig sein.

Die Schüssel aus der Maschine nehmen, den Teig mit etwas Mehl bestäuben und mit einem sauberen Tuch bedecken. An einem warmen Ort etwa 30 Minuten gehen lassen.

Zimtschnecken und mehr

1 Portion süßer Hefeteig,
siehe Seite 69

Füllung

250 g weiche Butter
180-230 g Zucker
Vanillezucker nach Geschmack
Zimt, frisch gemahlener Kardamom
oder Rosinen zum Bestreuen

Oder:
250 g Crème fraîche
2 EL Vanillezucker
Rosinen zum Bestreuen

Zum Bestreichen und Garnieren:

1 Ei, verquirlt
Hagelzucker

Den Teig auf einer leicht bemehlten Arbeitsfläche von Hand mit leichtem Druck zu einem Rechteck ausziehen bzw. -rollen. Bei Platzmangel den Teig halbieren und portionsweise arbeiten. Die Teigplatte mit Butter bestreichen und mit Zucker bestreuen.

Für die Schnecken gibt es verschiedene Geschmacksvarianten. Ich streue gern Vanillezucker, Zimt, frisch gemahlenen Kardamom oder Rosinen darüber. Manchmal mische ich Crème fraîche mit Vanillezucker, verstreiche die Mischung auf der Teigplatte und bestreue sie noch mit Rosinen. Das ist wirklich lecker!

Die Teigplatte von einer Längsseite her aufrollen. Die Naht nach unten rollen. Die Teigrolle in gleich breite Scheiben schneiden und mit einer Schnittseite nach oben auf ein mit Backpapier ausgelegtes Backblech geben. Alles mit einem Tuch abdecken und 30 Minuten gehen lassen. Den Backofen auf 200 °C (Umluft) bzw. 225 °C (Ober- und Unterhitze) vorheizen.

Die Schnecken mit dem Ei bestreichen und mit dem Hagelzucker nach Belieben bestreuen. Im vorgeheizten Ofen auf der mittleren Schiene 10-15 Minuten backen.

kaka

Rosettenkuchen oder Hefekranz

Die Schnecken wie auf Seite 70 beschrieben zubereiten, dann nicht zu eng in eine gefettete Springform setzen. Mit einem Tuch abdecken und etwa 30 Minuten gehen lassen. Den Backofen auf 175 °C (Umluft) bzw. 200 °C (Ober- und Unterhitze) vorheizen und die Schnecken auf der unteren Schiene etwa 30 Minuten backen.

Oder ...

Den Teig ausrollen, belegen bzw. bestreuen und zu einer Rolle formen. Die Rolle auf ein mit Backpapier ausgelegtes Backblech legen. Die Enden zu einem Ring schließen. Mit einer Küchenschere in regelmäßigen Abständen von oben bis zur Hälfte einschneiden und die Stücke abwechselnd nach innen und außen drücken (siehe Abbildung). Mit einem Tuch abdecken und 30 Minuten gehen lassen. Den Ofen auf 180 °C (Umluft) bzw. 210 °C (Ober- und Unterhitze) vorheizen. Den Kranz auf der unteren Schiene etwa 30 Minuten backen.

FOCACCIA

Dieses Fladenbrot ist eine tolle Beilage für eine Suppe oder einen Salat. Es wird mit relativ wenig Mehl zubereitet, dafür aber umso länger geknetet, damit es herrlich luftig wird. Experimentieren Sie mit diversen Belägen und Garnierungen.

Ergibt 1 Focaccia

1 Würfel frische Hefe
1 EL Salz
60 g Sesamsaat
600 g Mehl
100 ml natives Olivenöl extra
50 ml Öl nach Wahl
etwas Öl nach Wahl zum Einfetten und Beträufeln
schwarze Oliven
2 EL getrockneter Rosmarin
Salzflocken

Die Hefe in eine Schüssel krümeln. 500 ml lauwarmes Wasser zugießen und rühren, bis sich die Hefe aufgelöst hat. Salz und Sesamsaat zugeben und die Hälfte des Mehls einarbeiten. Beide Ölsorten zugießen, dann das restliche Mehl einarbeiten. Den Teig 10 Minuten in der Küchenmaschine kneten. Die Schüssel mit einem Tuch abdecken, den Teig etwa 30 Minuten gehen lassen.

Ein Backblech mit Öl einfetten und den Teig daraufgeben. Mit den Handflächen zu einem etwa 1 cm dicken Fladen ausziehen. Mit den Fingern ein paar Löcher in den Teig drücken. Mit einem sauberen Tuch abdecken und weitere 30 Minuten gehen lassen. Inzwischen den Backofen auf 200 °C (Umluft) bzw. 225 °C (Ober- und Unterhitze) vorheizen.

Den Fladen mit dem Öl beträufeln und mit einigen Oliven, Rosmarin und Salzflocken bestreuen. Im vorgeheizten Ofen auf der unteren Schiene etwa 30 Minuten backen.

Tipp!

Experimentieren Sie mit verschiedenen Toppings, z.B. mit roten Zwiebelringen oder getrockneten Tomaten.

KAROTTEN-
brötchen

Diese weichen, saftigen Brötchen sind mittlerweile ein Klassiker in unserem Café „kaka på kaka“. Belegt mit Käse, Schinken, Senf, Salatblättern und Tomaten wird daraus ein leckerer Mittagsimbiss.

Ergibt etwa 16 Stück

50 g Butter
500 ml Milch
1 Würfel frische Hefe
3 EL Zuckerrübensirup
1 EL Salz
400 g Roggenmehl, gesiebt
500 g Karotten, gerieben
400 g Weizenmehl
1 Ei, verquirlt
Kürbiskerne

Die Butter in einem Topf zerlassen, die Milch zugießen und auf 37 °C erhitzen; mit einem Küchenthermometer oder dem Finger prüfen. Die Hefe in die Schüssel der Küchenmaschine krümeln. Die Buttermischung zugießen und rühren, bis die Hefe aufgelöst ist. Sirup und Salz unterrühren. Das Roggenmehl zugeben und kneten, bis ein glatter Teig entstanden ist. Die Karotten einarbeiten. Nach und nach fast das ganze Weizenmehl zugeben und 5-10 Minuten kneten. Wenn der Teig noch zu klebrig ist, weiteres Mehl einarbeiten. Der Teig sollte aber auch nicht zu trocken sein. Den Teig mit etwas Mehl bestäuben und abgedeckt 30-40 Minuten gehen lassen.

Den Teig auf einer leicht bemehlten Arbeitsfläche halbieren. Die Portionen jeweils in 7-8 Stücke teilen und mit einer Schnittseite nach oben auf ein mit Backpapier ausgelegtes Backblech setzen. Mit einem Tuch abdecken und weitere 30 Minuten gehen lassen.

Inzwischen den Backofen auf 200 °C (Umluft) bzw. 225 °C (Ober- und Unterhitze) vorheizen. Die Teiglinge mit dem Ei bestreichen und mit den Kürbiskernen bestreuen. Im Ofen auf der mittleren Schiene etwa 15 Minuten backen. Auf einem Kuchengitter abgedeckt erkalten lassen.

Brot aus dem Glas

Tolle Geschenkidee: alle Trockenzutaten in ein Einmachglas schichten, die weiteren Zutaten auf einem Anhänger notieren!

KAKA PÅ KAKAS
rustikales Saatenbrot

Die Zutatenliste für dieses tolle Saatenbrot ist relativ lang. Deshalb wiege ich immer gleich mehrere Portionen der Trockenzutaten ab und fülle sie in Plastikbeutel. So muss ich die nächsten Male nur noch Dickmilch und Karotten mit den Zutaten verkneten.

Ergibt 2 Laibe

300 g Mehl
150 g Haferflocken
150 g Roggenmehl, gesiebt
150 g Vollkornmehl
60 g ganze oder geschrotete Leinsamen
60 g Sesamsaat
60 g Kürbiskerne
60 g Sonnenblumenkerne
1 EL Salz
4 TL Natron
1 l Dickmilch
2 große Karotten, geschält und gerieben
Butter und Haferflocken für die Form
Saaten zum Bestreuen, nach Belieben

Den Backofen auf 180 °C (Umluft) bzw. 210 °C (Ober- und Unterhitze) vorheizen. Zwei kleine Kastenformen einfetten und mit Haferflocken ausstreuen.

Die Trockenzutaten in einer Schüssel (oder in Gefrierbeuteln oder großen Gläsern, falls das Brot später zubereitet werden soll) sorgfältig vermengen. Dickmilch und Karotten einarbeiten. Den Teig in die Formen füllen. Nach Belieben mit Saaten bestreuen und im vorgeheizten Ofen auf der mittleren Schiene etwa 90 Minuten backen.

Die Brote sofort auf ein Kuchengitter stürzen und ohne Abdeckung erkalten lassen. Zur Aufbewahrung mit einem Tuch abdecken. Nach dem Anschneiden mit der Schnittseite auf einen Teller stellen, damit die knusprige Kruste erhalten bleibt. Das Brot hält sich mehrere Tage.

ROGGENRINGE

Diese Brotringe aus rustikalem Roggenteig eignen sich wie Bagels perfekt zum Belegen mit Räucherlachs, Frischkäse und Salat. Alternativ schmecken sie auch mit Mayonnaise, Salat, Spiegelei und Tomatenscheiben, oder rösten Sie das Brot und geben Käse oder Konfitüre darauf.

Ergibt 12–16 Stück

1 Würfel frische Hefe
2 EL Zuckerrübensirup
1 EL Salz
400 g Roggenmehl, gesiebt
100 g Haferflocken
1 Ei
300 g Weizenmehl

Die Hefe in die Schüssel der Küchenmaschine krümeln. Dann 600 ml warmes Wasser (37 °C) zugießen und rühren, bis sich die Hefe aufgelöst hat. Sirup und Salz zugeben und das Roggenmehl mit Haferflocken und Ei einarbeiten. Das Weizenmehl portionsweise unterkneten und den Teig weitere 5 Minuten kneten. Da der Teig relativ klebrig ist, ist eine Küchenmaschine mit Knethaken hilfreich. Den Teig mit Mehl bestäuben und etwa 30 Minuten gehen lassen.

Zwei Backbleche mit Backpapier auslegen. Dann den Teig auf eine leicht bemehlte Arbeitsfläche geben und in 12-16 Portionen teilen. Die Portionen von Hand zu etwa 10 cm großen Fladen formen und auf die Backbleche legen. Mit Daumen und Zeigefinger etwas Teig in der Mitte abklemmen, sodass ein Loch entsteht. Die Ringe abgedeckt mit einem sauberen Tuch 30 Minuten gehen lassen. Inzwischen den Backofen auf 180 °C (Umluft) bzw. 210 °C (Ober- und Unterhitze) vorheizen. Im Ofen auf der mittleren Schiene 10-15 Minuten backen.

Päron-
marmelad

KONFITÜRE

Konfitüre lässt sich unglaublich einfach selbst herstellen. Ich bereite sie immer in kleinen Portionen zu, weil ich dann weniger Zucker brauche (die meisten Konfitüren enthalten viel Zucker für eine bessere Konservierung). Das Ergebnis schmeckt sehr viel fruchtiger und ist schnell aufgebraucht, sodass Schimmel überhaupt keine Chance hat. Ich liebe zum Beispiel Nektarinenkonfitüre, aber Sie können auch andere Früchte verwenden.

500 g Früchte oder Beeren, frisch oder Tiefkühlware aufgetaut
200 g Gelierzucker, eventuell mehr bei säuerlichen Früchten

Vanille- oder Zimtstange, optional

Früchte oder Beeren waschen, schälen und entsteinen, dann in kleine Stücke schneiden. Wenn die Früchte aus Bioanbau stammen, müssen sie in der Regel nicht geschält werden. Beeren oder Früchte nach Belieben mit aufgeschlitzter Vanillestange oder Zimtstange in einen schweren Topf geben und den Gelierzucker untermischen. Bei niedriger Hitze rühren, bis sich der Zucker aufgelöst hat. Dann mindestens 5 Minuten kochen, bis die Früchte oder Beeren ganz weich sind.

Falls verwendet, Vanille- oder Zimtstange entfernen. Die Konfitüre in Schraubgläser füllen, erkalten lassen und im Kühlschrank aufbewahren. Die Konfitüre hält sich etwa 4 Wochen.

Tipp!

Für ein feinsäuerliches Aroma geben Sie ein paar Tropfen Zitronensaft in die noch warme Konfitüre.

EINGELEGTE
rote Zwiebeln oder Fenchel

Eine leckere Beilage für Burger, Pulled Pork oder Salate. Die Zutatenmengen für den Sud folgen dem 1-2-3-Prinzip. Damit können Sie einlegen, was immer Sie wollen.

100 ml Weißweinessig (12 %)
180 g Zucker

2-3 rote Zwiebeln
oder 1 großer Fenchel

Für den Sud Essig, Zucker und 300 ml Wasser in einen Topf füllen und zum Kochen bringen. Den Topf vom Herd nehmen und rühren, bis sich der Zucker aufgelöst hat.

Die Zwiebeln schälen oder den Fenchel waschen, jeweils in feine Streifen schneiden. In ein Einmachglas füllen und mit dem leicht abgekühlten Sud bedecken. Das Glas gut verschließen und den Inhalt vollständig erkalten lassen, dann im Kühlschrank aufbewahren. Das eingelegte Gemüse hält sich mindestens 1 Woche.

PESTO

50 g frische Basilikumblätter
1 Knoblauchzehe
1 Prise Salz
40 g Pinienkerne
50 g Parmesan, frisch gerieben
200 ml natives Olivenöl extra

Basilikum, Knoblauch, Salz und Pinienkerne im Mixer zu einer glatten Paste verarbeiten. Nach und nach Parmesan und Öl unterziehen. In ein Schraubglas füllen und mit einer dünnen Schicht Öl bedecken, damit das Pesto nicht braun wird und sich länger frisch hält. Im Kühlschrank aufbewahren.

Verwenden Sie Pesto
mit Pasta, als Salat-dressing oder auf einem Sandwich mit Tomaten und Mozzarella.

havregryn solrosfrö sesam
linfrö pumpafrö russin
aprikos Granola rapsolja
tranbär cocosflingor
ingefära appeljuice honung
kanel kärlek

GRANOLA

Granola (Knuspermüsli) lässt sich ganz einfach selbst herstellen, und zwar nur mit Zutaten, die Sie wirklich mögen. Hier ist meine Version:

400 g Haferflocken
je 60 g Leinsamen, Sesamsaat, Kürbis- und Sonnenblumenkerne
1 EL Zimt oder gemahlener Kardamom
100 ml Rapsöl
70 g Honig
100 ml naturtrüber Apfelsaft
70 g Kokoschips

Zusätzlich 1 Handvoll:
Rosinen
Cranberrys
getrockneter Ingwer
getrocknete Feigen
getrocknete Aprikosen

Den Backofen auf 200 °C (Umluft) bzw. 225 °C (Ober- und Unterhitze) vorheizen. Eine große Bratform mit Backpapier auslegen. Haferflocken, Leinsamen, Sesamsaat, Kürbis- und Sonnenblumenkerne hineingeben und mit Zimt oder Kardamom bestreuen. Mit Öl und Honig beträufeln und den Apfelsaft zugießen. Alles sorgfältig vermengen. Im vorgeheizten Ofen auf der mittleren Schiene 15-20 Minuten goldbraun garen. Dabei regelmäßig prüfen und die Mischung gelegentlich wenden, sodass sie gleichmäßig bräunt und nicht verbrennt. Die Form aus dem Ofen nehmen und das Müsli erkalten lassen.

Die Kokoschips in einer Antihaft-Pfanne ohne Fett leicht anrösten. Die Trockenfrüchte grob hacken und mit den Kokoschips unter das erkaltete Knuspermüsli mischen. Das Granola in einem dicht schließenden Behälter aufbewahren.

PORRIDGE
mit Toppings

Porridge ist ein einfacher und köstlicher Frühstücksklassiker in Schweden. Für den Brei können Sie Haferflocken Ihrer Wahl verwenden. Und warum nicht mal mit einem Stückchen Butter garnieren? Toben Sie sich mit folgenden leckeren Toppings aus!

50 g Haferflocken
etwas Salz

Toppings für Porridge:
Konfitüre
Erdnusscreme
Honig
Zimt
getrocknete oder frische Früchte
frische Beeren

Die Haferflocken mit 200 ml Wasser in einen Topf geben. Leicht salzen. Die Mischung einige Minuten unter ständigem Rühren köcheln lassen, bis die Haferflocken weich und breiartig eingedickt sind. In einen tiefen Teller füllen und mit den Toppings nach Belieben garnieren.

AloeVera

TOMATENSAUCE

Diese Tomatensauce ist enorm vielseitig und kann zum Beispiel als Pastasauce, als Beilage zu Gegrilltem oder verdünnt und püriert als Tomatensuppe (Seite 102) zubereitet werden. Sie können frische Tomaten oder Dosenware verwenden. Frische Tomaten sollten allerdings erst im Ofen geröstet werden, damit sie aromatischer werden. Denn je aromatischer die Tomaten, desto besser die Sauce!

Für 4 Personen

2 Dosen (à 400 g) geschälte Tomaten
oder 1 kg frische Tomaten
1 Zwiebel
1 Knoblauchzehe
4 EL natives Olivenöl extra
1 Gemüsebrühwürfel
Salzflocken und frisch gemahlener Pfeffer
1 Prise Zucker (optional)
1 Prise Salz (optional)
1 Topf Basilikum, klein gezupft
50 g Parmesan, frisch gerieben, zum Servieren

Falls frische Tomaten verwendet werden, außerdem:
50 ml natives Olivenöl extra
Salzflocken
getrockneter Rosmarin
2-3 Knoblauchzehen, halbiert

Bei der Verwendung von frischen Tomaten den Ofen auf 225 °C (Umluft) bzw. 250 °C (Ober- und Unterhitze) vorheizen. Ein Backblech mit Backpapier auslegen. Die Tomaten in Stücke schneiden und auf das Blech legen. Mit dem Öl beträufeln. Mit Salzflocken, Rosmarin und Knoblauch vermengen. Im Ofen auf der mittleren Schiene etwa 30 Minuten garen, bis die Tomaten leicht gebräunt sind.

Zwiebel und Knoblauch abziehen und hacken. Das Öl in einem Topf erhitzen und beides darin leicht anbraten. Die Tomaten zugeben; die Dosentomaten mit einer Gabel leicht zerdrücken oder einer Küchenschere zerschneiden. Dann 200 ml Wasser zugießen und den Brühwürfel hineinkrümeln. Mit Salz und Pfeffer würzen und bei niedriger Hitze so lange wie möglich köcheln lassen. Man kann den Topf schon nach 15 Minuten vom Herd nehmen, aber je länger die Sauce schmort, desto besser.

Danach abschmecken und gegebenenfalls mit 1 Prise Zucker, Salz oder etwas Brühe nachwürzen. Die Sauce mit dem Basilikum garnieren und mit dem Parmesan zur Pasta reichen.

Tomatensauce variieren

Mozzarella in Würfel schneiden und mit Pasta und Tomatensauce vermengen. Sofort servieren.

Oliven und Chili unter die Sauce rühren.

Wein anstelle von Wasser verwenden.

Ein paar Speckwürfel oder Hähnchenstücke anbraten und unter die Sauce mischen.

Rinderhackfleisch anbraten und unter die Sauce rühren.

Die Tomatensauce als Pizzabelag verwenden.

Die Sauce lässt sich sehr gut einfrieren. Das ist praktisch, wenn es mal schnell gehen muss.

TOMATENSUPPE
mit Ricottanocken
UND BASILIKUMÖL

Eine vielseitige Suppe, die sich kreativ abwandeln lässt.

Für 4 Personen

1 Portion Tomatensauce, siehe Seite 97

1 Prise Chiliflocken
100 g Schlagsahne

Nocken

200 g Mehl
3 Eigelb
225 g Ricotta oder Doppelrahm-frischkäse
30 g Parmesan, frisch gerieben
Salz
natives Olivenöl extra

Suppe
Die Tomatensauce wie auf Seite 97 beschrieben zubereiten. Für eine pikante Note die Chiliflocken unterrühren. Mit einem Stabmixer im Topf pürieren und die Sahne dabei einarbeiten.

Basilikumöl

100 ml Olivenöl, die Blätter eines ½ Topfes Basilikum und 1 Prise Salz mixen. Die Nocken in die heiße Suppe geben und mit Basilikumöl beträufelt servieren.

Nocken
Alle Zutaten ohne Salz und Öl in eine Schüssel geben und zu einem leicht klebrigen Teig verarbeiten. Auf einer bemehlten Arbeitsfläche zu fingerdicken Strängen rollen. In 4 cm große Stücke schneiden und nach Belieben mit den Zinken einer Gabel leicht flach drücken. Einen großen Topf Wasser (mindestens 2 Liter) zum Kochen bringen. Das Salz zufügen. Die Nocken ins siedende Wasser geben. Je nach Topfgröße gegebenenfalls portionsweise arbeiten, damit der Topf nicht überfüllt wird. Die Nocken gar ziehen lassen, bis sie nach oben steigen. Mit einem Schaumlöffel herausnehmen, abtropfen lassen und in eine Schüssel geben. Dann mit etwas Öl beträufeln, damit sie nicht zusammenkleben.

Blumenkohlsuppe mit **PEPP**

Diese samtig cremige Suppe erhält durch Zitrone und Chili ordentlich Charakter.

Für 4 Personen

1 großer Blumenkohl
2-3 Schalotten
1 gehäufter EL Butter
½ TL Chiliflocken
1-2 Gemüsebrühwürfel
300 g Crème fraîche
200 ml Milch
frisch gepresster Saft von 1 Limette oder 1 Zitrone
Salz und frisch gemahlener Pfeffer

Den Blumenkohl in kleine Röschen teilen. Die Schalotten schälen, in kleine Stücke schneiden. Die Butter in einem Topf zerlassen, die Schalotten darin andünsten. Einige Blumenkohlröschen für die Garnierung beiseitelegen, die restlichen in den Topf geben.

500-600 ml Wasser zugießen. Die Chiliflocken zufügen und den Brühwürfel hineinkrümeln. Etwa 15 Minuten köcheln lassen, bis der Blumenkohl weich ist. Die Suppe pürieren. Crème fraîche und Milch einarbeiten. Die Suppe mit Limetten- oder Zitronensaft, Salz, Pfeffer und gegebenenfalls weiterer Brühe abschmecken.

Garnierung

einige kleine Blumenkohlröschen
ein paar EL Rapsöl
Sesamsaat
1 Prise Chiliflocken (optional)

Den Backofen auf 225 °C (Umluft) bzw. 250 °C (Ober- und Unterhitze) vorheizen. Die Blumenkohlröschen in eine Auflaufform geben.

Mit dem Öl beträufeln, mit etwas Sesamsaat und nach Belieben den Chiliflocken bestreuen. Im Ofen auf der mittleren Schiene rösten, bis die Röschen leicht gebräunt sind. Als Garnierung in die Suppe geben.

Tipp!

Sie können auch Bratwurstscheiben oder knusprig gebratene Speckwürfel als Garnierung in die Suppe geben.

ERBSENSUPPE

oder

CRÈME NINON

Eine superschnelle und einfache Suppe, die als Mittagessen, Vorspeise oder Abendessen schmeckt.

Für 4 Personen

1 kg Erbsen, Tiefkühlware aufgetaut
1 Gemüsebrühwürfel
100-200 g Crème fraîche oder Sahne
Salz und frisch gemahlener Pfeffer
etwas Speck (optional)

Die Erbsen in einem Topf mit 700 ml Wasser und dem Brühwürfel zum Kochen bringen und glatt pürieren. Crème fraîche oder Sahne zugeben und kurz untermixen. Die Suppe mit Salz und Pfeffer abschmecken und mit einem Klacks Crème fraîche garniert servieren. Die Erbsensuppe nach Belieben auch mit knusprig gebratenem Speck garnieren.

Tipp!

Für eine leckere Beilage zur Suppe zerkrümelten Ziegenkäse mit etwas griechischem Joghurt glatt rühren und auf Toast streichen.

KAROTTENSUPPE

Für 4 Personen

1 kg Karotten
1 Gemüsebrühwürfel
1 Prise Chilipulver
250 g Crème fraîche
Zitronensaft
Salz und frisch
gemahlener Pfeffer

Topping

1 Karotte
1 Pastinake
2 EL Öl
Salz
Crème fraîche

Für das Topping den Backofen auf 225 °C (Umluft) bzw. 250 °C (Ober- und Unterhitze) vorheizen. Ein Backblech mit Backpapier auslegen. Karotte und Pastinake schälen und raspeln. Die Gemüseraspel auf dem Blech verteilen. Mit dem Öl beträufeln und salzen. Im Ofen einige Minuten goldbraun rösten.

Für die Suppe die Karotten schälen und in Stücke schneiden. In einen Topf geben und mit etwa 1 Liter Wasser knapp bedecken. Brühwürfel und Chilipulver zufügen und kochen, bis die Karotten weich sind. Die Suppe ganz glatt pürieren. Die Crème fraîche zugeben und kurz untermixen. Mit Zitronensaft, Salz und Pfeffer abschmecken.

Die Suppe mit einem Klacks Crème fraîche und den gerösteten Gemüseraspeln garnieren.

TOSKANISCHE Bohnensuppe

Für 4-6 Personen

3 Karotten
2 Zwiebeln
1 kleine Lauchstange
3 Selleriestangen
1 kleine rote Chilischote
½ Wirsing
50 ml natives Olivenöl extra
½ TL Rosmarin
½ TL Thymian
2 Gemüsebrühwürfel
1 Dose (400 g) weiße Bohnen
1 Dose (400 g) Kidneybohnen
2 große oder 10 Cocktailtomaten
etwa 100 g frischer Babyspinat

frisch geriebener Parmesan und frischer Thymian zum Garnieren

Karotten und Zwiebeln schälen und in kleine Stücke schneiden. Den Lauch längs halbieren und sorgfältig waschen. Lauch, Sellerie und Chili in kleine Stücke schneiden. Den Wirsing in Streifen schneiden. Das Öl in einem großen Topf erhitzen und das Gemüse mit den Kräutern anbraten. Mit etwa 1½ Litern Wasser ablöschen und die Brühwürfel hineinkrümeln. Bei mittlerer Hitze etwa 10 Minuten köcheln lassen.

Die Bohnen abspülen und abtropfen lassen. In die Suppe geben und 5 Minuten mitgaren. Die Tomaten grob hacken und mit dem Spinat in die Suppe mischen. Mit Parmesan und Thymian garniert servieren.

Mit Focaccia servieren!

Focaccia mit roten Zwiebeln, Rosmarin und Salzflocken (siehe Rezept Seite 76) ist eine tolle Beilage für diese Suppe.

IKEA
17278
40

HIMMLISCHES Gemüsegratin

Bevor ich das Gemüse in die Auflaufform gebe, röste ich es eine Weile im Ofen. So erhält es ein tolles süßes Aroma.

Für 4 Personen

4 Kartoffeln
½ Aubergine
20 Champignons
3 Karotten
2 Pastinaken
2 rote Paprika
1 Lauchstange
natives Olivenöl extra
Salz
200 g geriebener Käse (z.B. Bergkäse und Mozzarella)
70 g frischer Blattspinat
250 g Crème fraîche
200 g Sahne

Den Backofen auf 200 °C (Umluft) bzw. 225 °C (Ober- und Unterhitze) vorheizen. Ein Backblech mit Backpapier auslegen. Alle Gemüsesorten außer den Spinat in Scheiben schneiden und auf das Backblech legen (ohne Spinat und Kartoffeln). Ich halte das Gemüse getrennt, sodass ich es besser herausnehmen kann, wenn eine Sorte fertig ist, und der Rest weitergaren kann. Mit Olivenöl beträufeln und salzen. Im Ofen auf der mittleren Schiene 10-20 Minuten rösten, bis es leicht gebräunt ist.

Die Kartoffelscheiben etwa 5 Minuten in einem Topf Salzwasser kochen. Das Wasser abgießen und die Kartoffeln ausdampfen lassen. Eine Auflaufform mit Öl einfetten und den Boden mit den Kartoffelscheiben auslegen. Mit 100 g Käse bestreuen und die Hälfte der Spinatblätter darauf verteilen. Das Gemüse daraufschichten und abschließend mit Spinat, einer Lage Kartoffelscheiben und dem restlichen Käse bedecken. Crème fraîche und Sahne glatt rühren und über den Auflauf gießen. Im Ofen auf der unteren Schiene etwa 30 Minuten garen. Nach Belieben 10 Minuten vor Ende der Garzeit mit weiterem Käse bestreuen.

Das Gratin mit einem grünen Salat oder als Beilage zu einem Fleischgericht servieren.

GEFÜLLTE Tomaten

Wenn Sie gegarten Reis übrig haben, können Sie ihn perfekt in diesem Gericht verwerten. Andernfalls kochen Sie frischen Reis und lassen ihn vor der Zubereitung erkalten. Ich mag Jasminreis, aber auch Rundkornreis ist hier geeignet. Statt Tomaten können Sie auch Auberginen, Zucchini, Pilze oder Paprika verwenden. Das gefüllte Gemüse kann mit einem Salat oder als Fleischbeilage serviert werden.

Pro Person

Öl zum Einfetten und Braten
2 Tomaten
4 Champignons und/oder anderes Gemüse
2 EL geriebener Käse, z.B. Edamer
150 g Reis, gegart und abgekühlt
1 EL Pesto
Salz und frisch gemahlener Pfeffer
2 Scheiben Mozzarella

Den Backofen auf 225 °C (Umluft) bzw. 250 °C (Ober- und Unterhitze) vorheizen. Eine Auflaufform einfetten. Von den Tomaten kleine Kappen abschneiden und mit einem Löffel die Kerne herauslösen. Die Pilze putzen und klein schneiden. Etwas Öl in einer Pfanne erhitzen und die Pilze darin leicht anbraten. Pilze, Käse, Reis und Pesto grob mischen und mit Salz und Pfeffer würzen. Die Tomaten mit dieser Mischung füllen, mit je 1 Scheibe Mozzarella belegen und die Kappen wieder aufsetzen. Die gefüllten Tomaten dicht nebeneinander in die Form setzen, sodass sie sich stützen. Im Ofen auf der mittleren Schiene etwa 30 Minuten garen.

Halloumi-BRATLINGE

Diese Bratlinge können Sie mit Kartoffelbrei, Kartoffelspalten, Reis oder Salat servieren oder auch einfach als Snack genießen.

Für 4 Personen

1 Lauchstange
200 g Pilze
etwas Öl nach Wahl
4 Karotten
2 Pastinaken
1 Aubergine
150 g Halloumi
1 Ei
2 EL Mehl
Salz und frisch gemahlener Pfeffer

Den Backofen auf 225 °C (Umluft) bzw. 250 °C (Ober- und Unterhitze) vorheizen. Ein Backblech mit Backpapier auslegen. Den Lauch längs halbieren und gründlich waschen. Pilze und Lauch hacken und auf das Backblech geben. Alles mit Öl beträufeln und im vorgeheizten Ofen etwa 15 Minuten garen. Aus dem Ofen nehmen und erkalten lassen. Inzwischen Karotten, Pastinaken und Aubergine in eine große Schüssel raspeln. Lauch und Pilze zugeben.

Den Halloumi zerkleinern und mit dem Ei unter das Gemüse mischen. Mit dem Mehl bestäuben, mit Salz und Pfeffer würzen. Alles sorgfältig vermengen. Etwas Öl in einer Pfanne erhitzen. Die Halloumi-Mischung zu Bratlingen formen, bei mittlerer Hitze in der Pfanne 3-5 Minuten von beiden Seiten goldbraun braten. Nicht zu früh wenden, sonst fallen sie auseinander, da das Ei noch nicht gestockt und der Käse nicht geschmolzen ist, um die Mischung zu binden.

GARNELENSALAT

schwedische Art …

Ein köstlicher Sommersalat, der am besten mit frischen Garnelen zubereitet wird, die zu Hause selbst ausgelöst werden.

Pro Person

100 g Getreide, z.B. Bulgur, Perlgraupen, Kamut
100 g Garnelen, gegart
1 Stück Salatgurke
½ Avocado
1 große Tomate oder einige Cocktailtomaten in unterschiedlichen Farben
2 Blumenkohlröschen
1 Handvoll gemischter Pflücksalat
Dillspitzen (optional)
1 Zitronenspalte (optional)

Dressing (pro Person)

1-2 EL Mayonnaise
1 TL Sahnemeerrettich

Das Getreide nach Packungsangaben garen und erkalten lassen. Die Garnelen auslösen. Die Gurke längs halbieren und die Kerne mit einem Löffel herausschaben. In Scheiben schneiden. Avocado und Tomate in Spalten schneiden. Den Blumenkohl in kleinere Röschen teilen. Die Salatblätter auf einen Teller geben und die anderen Zutaten darauf verteilen. Die Dressing-Zutaten mit 1-2 Teelöffeln Wasser glatt rühren und den Salat damit beträufeln. Nach Belieben mit Dillspitzen und 1 Zitronenspalte garnieren.

... *und* ASIATISCHE ART

Pro Person

100 g Perlcouscous (israelischer Couscous)
100 g Garnelen, gegart
1 Stück Salatgurke
1 kleines Stück schwarzer Rettich
¼ Zucchini
1 Handvoll gemischter Pflücksalat
30 g Sojabohnen, Tiefkühlware aufgetaut
einige feine Streifen Fenchel

Dressing (pro Person)

25 ml Limettensaft
½ EL flüssiger Honig
½ TL Sesamöl
¼ rote Chilischote, fein gehackt
1 TL Sesamsaat (nach Möglichkeit schwarz und weiß gemischt)
Salz
1 Limettenspalte (optional)

Den Couscous nach Packungsangaben garen und erkalten lassen. Die Garnelen auslösen. Die Gurke längs halbieren, die Kerne herausschaben. In Scheiben schneiden. Den Rettich schälen, in feine Stifte schneiden. Die Zucchini mit einem Gemüseschäler in Streifen schneiden. Die Salatblätter auf einem Teller verteilen. Couscous und Gemüse (mit Sojabohnen und Fenchel) daraufgeben. Die Dressing-Zutaten ohne Sesam glatt rühren. Die Garnelen mit etwas Dressing anmachen, auf dem Salat anrichten, mit dem Sesam bestreuen. Den Salat mit dem restlichen Dressing und optional 1 Limettenspalte servieren.

SALAT
mit Ziegenkäse **und gebratenen** *Pflaumen*

Ich richte diesen Salat meist direkt auf Tellern an. Das Rezept ist ohne genauere Mengenangaben; Sie können sie nach Ihrem Geschmack variieren. Der Salat schmeckt als Vorspeise oder auch als Hauptgericht.

Pro Person:

100 g Perlcouscous (israelischer Couscous)
1 große Handvoll Salat (verschiedene Sorten)
1 Stück Zucchini
1 Stück Salatgurke
1 Scheibe Ziegenrolle
2-3 Pflaumen (oder 1 Nektarine)
1 EL Butter
2 TL Honig
Salz und frisch gemahlener Pfeffer
2 TL Balsamicocreme
geröstete Sonnenblumen- und Kürbiskerne

Den Couscous nach Packungsanleitung garen und erkalten lassen. Die Salatblätter in einer großen Schüssel mischen und auf einem Teller verteilen. Ich verwende meist Eisberg- oder Romanasalat mit Pflücksalat. Den Couscous darübergeben. Die Zucchini in feine Scheiben hobeln. Die Gurke schälen, halbieren und die Kerne mit einem Löffel herausschaben. In Scheiben schneiden. Zucchini- und Gurkenscheiben auf dem Couscous verteilen. Die Ziegenkäsescheibe darauflegen.

Pflaumen oder Nektarine halbieren und entsteinen. Die Butter in einer Pfanne zerlassen. Pflaumen oder Nektarine darin leicht anbräunen und mit dem Honig beträufeln. Salzen und pfeffern. Die Früchte auf dem Salat anrichten. Die Balsamicocreme nach Belieben mit etwas Wasser verdünnen und über den Salat träufeln. Mit den Kernen bestreut servieren.

Tipp!

Pfirsiche oder Nektarinen sind eine gute Alternative, falls es keine frischen Pflaumen gibt.

Blumenkohl-salat

Dieser Salat lässt sich prima im Voraus zubereiten. Servieren Sie ihn als Beilage zu einem Fleisch- oder Fischgericht oder mit einem Tomaten- und Blattsalat.

Für 4-6 Personen

1 großer Blumenkohl
2 große Bund Dill
3 EL abgetropfte Kapern
Salz und frisch gemahlener Pfeffer
Sonnenblumenkerne zum Garnieren (nach Belieben)

Dressing

3 EL Skånsk Senap oder anderer grober scharfer Senf
2 EL Dijon-Senf
3 EL Weißweinessig
3 EL natives Olivenöl extra

Alle Zutaten für das Dressing glatt rühren. Den Blumenkohl in sehr kleine Röschen teilen. In einer Schüssel mit dem Dressing vermengen und mindestens 30 Minuten ziehen lassen. Den Dill grob hacken. Zusammen mit den Kapern unter den Blumenkohl heben. Mit Salz und Pfeffer abschmecken. Nach Belieben mit Sonnenblumenkernen garnieren.

Assistent

Register

kaka på kaka
kaka kaka
Lunch
ONSDAG • Sallad m getost päron o balsamicovinegrätt
TORSDAG • Paj m spenat
Blekingesparris
från Listerlandet